Amor & Solidão

Revisão de texto
Carolina Cunha.

Capa
Ellen Souza.

Diagramação
Cris Spezzaferro

Dados Internacionais de Catalogação na Publicação (CIP)
Câmara Brasileira do Livro, SP, Brasil)

CUNHA, Carolina.
Amor e Solidão / Carolina Cunha - 1ª Ed. Belo Horizonte, MG, Brasil.
Publicação independente.

61p.

ISBN 978-65-00-17759-6

I.Poesia e Cartas II.Textos

Conforme novo acordo ortográfico da língua portuguesa ratificado em 2008.

Amor & Solidão

CAROLINA CUNHA

Quando penso no meu livro "Amor e Solidão", acho que ele pouco tem de literário, lírico, poético...

Para mim este livro é um desabafo... Uma confissão... Uma singela homenagem...

Ainda que tenha poemas, textos e cartas, considero que todo o "enredo" do livro se constitui, na verdade, de uma única carta de amor, separada em pequenos fragmentos e delicadas impressões, escrita para alguém muito especial que está longe, muito longe...

Este livro resgata sentimentos felizes do coração, mas também o peso das angústias e dores que dilaceram, pouco a pouco, a alma...

A autora.

Travessia

Sonho que você virá na primavera.

E me dirá que eu sou o seu amor.

E depois de tanto sofrimento,

Solidão, lágrimas e dor,

Caminharemos juntos

No bosque de flores e felicidade.

Inesgotável apaixonada da alma,

Ainda acredito no amor.

E como incansável sonhadora do vento,

Em meu coração te espero...

Do livro "Amor de Vidro", Carolina Cunha.

Despedida

Cedo ou tarde
Nos encontraremos.
Na brisa do vento.
Na curva da estrada.
No mar do amor infinito.

Do livro "Amor de Vidro", Carolina Cunha.

Carolina Oliveira da Cunha nasceu em Belo Horizonte, Minas Gerais, Brasil. É licenciada em Letras pela Puc Minas. Desde criança é apaixonada pela leitura, tendo como escritores favoritos Virgínia Woolf, Katherine Mansfield, Sylvia Plath, Emily Dickinson, Alejandra Pizarnik, Adélia Prado, Henriqueta Lisboa, Érico Veríssimo e Carlos Drummond de Andrade. Acredita no amor acima de tudo. Ama espanhol, poesia e concertos de orquestra.

Em janeiro de 2020 lançou o seu primeiro livro intitulado "Amor de Vidro", composto de poemas, textos e cartas.

Instagram: @carolinacunhaescritora
Email: carolinacunhabh@gmail.com

Prefácio

Amor e Solidão toca fundo, nos leva para um lugar que só o amor alcança, aquele altar humano que nos faz deuses por alguns segundos. Respirando melhor ou prendendo o fôlego, o livro nos faz perceber que amar pode ser eterno e breve, tudo muito forte, sempre ao mesmo tempo.

Carolina fala do que sente, do que ama, do que sabe que nunca vai perder. Uma memória, um abraço, um olhar, as palavras esticando a imagem da pessoa amada no silêncio dos dias. Por fim, nos ensina que a morte é a alma atravessando a fronteira da pele, criando estrelas nas asas do infinito.

Amar é sonhar em vida, viver em sonho e lembrar que existem outras manhãs para não deixarmos de acreditar. Com tudo que somos, com tudo que temos, o amor vai permanecer!

Pedro Muriel

Escritor e poeta

14   Dedico este livro a Carlos Alberto
Silva, amor além da vida.

Poemas, textos e cartas.

Miragem

A sensação de ter chegado ao limite.

Mas não ter mais como recuar.

Quando o portal se abre

Todas as outras portas de fecham.

O caminho que se descortina

É um mundo desconhecido.

A passagem do tempo

Ele parecia tão frágil e indefeso deitado na caixa de mog-

no...

As mãos, firmes e intocáveis, seguravam um rosário,

como se clamasse aos céus e aos anjos proteção e piedade.

Ele dormia profundamente e carregava um semblante lím-

pido e sereno,

como que indiferente a um mundo perigoso, transitório e

agora para sempre inacessível...

Observei o féretro passando lentamente entre árvores e

flores,

a caminho da sua nova morada:

Na brevidade da carne, a fluidez do espírito...

O mergulho nas águas...

O passado distante...

O sonho interrompido...

Ao longe, uma luz no fim do túnel que nunca se apaga:

a chama da eternidade.

Querido,

Hoje o céu está cinza e triste...

Um relâmpago, ao longe, anuncia a tempestade...

A saudade é como um rio que transborda...

E o tempo não apaga as lembranças...

20

O gato alado

O gato estirado na beira da calçada.

Acho que morreu na noite anterior.

Insetos voadores beliscam o seu frágil corpo.

E a chuva fina cai sobre a sua leve penugem.

Não sou indiferente a sua dor.

Mas não pude ajudá-lo.

E nem resgatá-lo.

Da mais profunda solidão.

E do seu fim trágico.

...

O gato estirado na beira da calçada.

Acho que ele enfim se libertou.

Sonho que ele voou com asas em direção ao céu:

Mergulhou nas estrelas,

Brincou com as nuvens

E desapareceu sorrindo no infinito...

A árvore do amor

A tempestade de lágrimas e névoa inundou a floresta da paixão.

As folhas foram arrancadas pelos gigantes da indiferença e se perderam na curva do tempo.

As flores foram pisoteadas por duendes sem coração e desapareceram nos redemoinhos de vento.

Sobrou apenas uma plantinha: a árvore do amor.

Solitária e perdida, ela perdeu as suas raízes, mas não enfraqueceu:

Ela sabia que depois da tempestade viria o arco-íris trazendo novos amigos, novos amores e o sol radiante da esperança.

Transição

O enterro.

Carta de despedida a um leitor ausente.

Os vivos fazem a cerimônia de preparação

Para a grande viagem dos mortos.

E eles embarcarão em um navio

Secreto e temido.

Ninguém sabe para onde eles vão.

E nem quem comandará a embarcação.

Absoluto mistério dos mares.

Nas águas doces e turvas.

Nas profundezas do sonho...

...

Um dia o navio

Irá ancorar em um porto.

E os mortos desembarcarão

Para o tênue recomeço.

E lá estará alguém

Que ansiosamente os espera.

Um arco-íris cruzará os céus

Anunciando o fim da tempestade.

O passado, o presente e o futuro

Enfim se unirão.

E então reinará

O mais profundo silêncio...

A tão sonhada paz...

E a plena sensação de liberdade...

HÔTEL BEAU SITE PARIS
ÉTOILE ★ AVENUE MARCEAU ★ PLACE ★ AVENUE D'IÉNA

Querido,

Na eternidade nos encontraremos...

Eu sei...

Eu sinto...

Lá onde o amor e a felicidade

Não tem fim...

Plenitude

Eles não puderam se despedir de ninguém, pois foram convocados para embarcar no trem da última hora.

Na correria, lágrimas nos olhos, corações partidos e muitas malas extraviadas:

algumas se perderam no meio do caminho, outras foram esquecidas nos trilhos do trem.

Da janela eles observam, pela última vez, o mundo em que viveram...

...

Separados por uma linha tênue, quase imperceptível...

Uma fina parede de vidro divide o mundo físico e o mundo espiritual...

Há uma luz que os guia, a chama do amor imortal...

...

Somos todos únicos...

Mas somos parte de um todo...

Indissociável...

Intransponível...

Imutável...

...

O mundo físico e o mundo espiritual:

Dois mundos que se fundem nas cordilheiras do sonho...

Vivos e mortos constituídos da mesma essência:

Amor e Solidão...

Risos e Lágrimas...

Tempestade e Névoa...

Escuridão e Luz...

...

Alguns partiram antes...

Outros partirão depois...

Um dia estaremos todos juntos no mesmo trem...

E no fim de tudo...

Ainda haverá esperança...

E haverá amor...

E o sol voltará a brilhar intensamente...

E quando olharmos para o céu,

Uma luz nos guiará...

E viajaremos pelo mundo dos sonhos...

Renovados e felizes...

Rumo ao infinito...

A todas as pessoas, no Brasil e no mundo, que perderam as suas vidas pela Covid-19.

Amor inabalável

Ah, papai...

Queria tanto ouvir a sua voz novamente...

Mas há tempos ela se apagou...

Os seus olhos estão aqui...

Mas o seu coração está longe, muito longe...

Sinto uma angústia...

Dilacerante e perpétua...

Eu queria tanto te resgatar...

Mas o seu brilho no olhar se apagou...

E só nos restou uma barreira...

Intransponível...

Que nos separa lentamente...

Dia após dia...

Ah, papai...

Há tempos eu também me perdi em mim mesma...

Eu compartilho da sua dor...

Nós somos iguais...

Ainda que nas tristezas e nas mazelas da vida...

Seu olhar cansado...

Chegou ao limite...

Só quer ser livre...

Ainda que a liberdade seja

O eterno descanso

Ou o absoluto silêncio...

Queria tanto te abraçar e te beijar novamente...

Queria voltar a ser criança

Para te ter aqui junto de mim...

Nós éramos tão felizes...

Sim, papai, o senhor me fez muito feliz...

E ainda que se passe mil anos

Para sempre eu vou te amar...

De todo coração e alma...

E ainda que um dia a vida

Ouse nos separar...

Ainda assim eu irei te reencontrar...

E vamos reescrever a nossa história...

O amor não passou...

E nem passará...

Ele atravessa os séculos...

Rompe barreiras...

Desconhece dinastias, ancestralidades,

Reinos ou gerações...

O amor permanece...

Nas marcas de sangue rompidas...

Nos laços intactos da alma...

A Eden Alves da Cunha, meu querido pai.

Querido,

Quando você partiu...

Eu fiquei devastada...

E com o coração dilacerado...

A despedida dói tanto...

Não...

Não é fácil dizer adeus...

Querido,

Parece que o tempo parou desde que você se foi...

E eu continuo chorando...

As lágrimas não cessam...

Elas escorrem eternamente...

No coração e na alma...

Querido,

Quando você partiu...

Parece que uma parte de mim também se apagou...

E quando penso que eu não consegui resgatá-lo de seu

abismo interior...

E nem impedir a tempestade...

Sinto uma tristeza imensa...

Uma dor profunda no peito...

É como uma ferida aberta...

Que jamais cicatrizará...

Querido,

Anseio o dia em que estaremos juntos novamente...

No céu ou nas estrelas...

E viveremos enfim

O nosso sonho de amor...

Querido,

Você dizia que nunca iria me abandonar...

Que o nosso amor é eterno...

E que estaríamos juntos para sempre...

A certeza de que iremos nos reencontrar...

É o que me dá forças para prosseguir...

Nunca se esqueça de que eu te amo muito...

E te amarei para sempre...

Querido,

É difícil acreditar que você se foi...

Queria muito ouvir a sua voz novamente...

Te abraçar novamente...

Conversar com você ao menos mais uma vez...

Muito obrigada por ter feito parte da minha vida...

Muito obrigada por ter me dado tanto amor...

Muito obrigada por ser a minha luz em meio à escuridão...

Um dia iremos nos reencontrar...

Querido,

Quando o nosso reencontro chegar...

Todas as perguntas serão respondidas...

Todos os mistérios serão revelados...

Todas as nossas lágrimas secarão...

E todo o medo e dor irá se acabar...

Resgataremos o brilho no olhar...

A pureza de sentimentos...

E o elo rompido...

Estaremos novamente juntos e felizes...

E nada nunca mais irá nos separar...

Querido,

Quando você partiu...

Olhei para os móveis uma última vez:

A sensação é de abandono e desequilíbrio na alma...

43

Querido,

Desde que você se foi...

Me sinto como um pássaro preso em uma gaiola:

Sem liberdade...

Sem asas...

Sem amor...

Angústia

A chuva

O vale

As lágrimas

Corredeiras desembestadas

De sentimento.

Querido,

Quando penso no futuro, sinto medo...

Estou sozinha em casa...

Tranquei a porta do quarto e fechei as janelas...

O silêncio é mortal e febril...

Eu sinto dor no peito...

Eu sinto dor na alma...

As lágrimas me acompanham a todo momento...

Continuar aqui sem você não faz nenhum sentido...

Espero que você venha me buscar o quanto antes...

Dois sentimentos me dominam agora:

Amor e Solidão.

Lágrimas

Diante da morte, tudo que um dia tentamos esconder (ou não demonstrar), vem à tona com tamanha intensidade de sentimentos e sensações: o medo, a angústia, o sofrimento, a solidão, a revolta, a saudade, a desilusão, as mágoas, os remorsos, as lembranças dos momentos felizes, a dor da separação, a certeza da finitude...

E neste momento nós ficamos tão mergulhados em nós mesmos, tão devastados pela imensa tristeza que sentimos que acabamos nos afastando do mundo e das pessoas que nos cercam...

É como se a nossa vida não tivesse mais sentido e não houvesse razões para continuar a caminhada...

E passamos a seguir um rumo inesperado, inconstante e impetuoso, como a corredeira desembestada de um rio...

Para prosseguir, somente inventando um novo sonho...

E é possível?

Eu não sei...

Eu não tenho todas as respostas...

Eu sou apenas alguém buscando um caminho para seguir neste mundo...

Alguém que ama e magoa as pessoas...

Que erra muitas vezes tentando acertar...

Que chora, é frágil e sente medo...

Que não é o orgulho de ninguém...

Alguém que é incompreendida e muitas vezes incapaz de compreender...

Talvez eu seja apenas uma viajante nesta terra desconhecida...

Que sonha com o impossível, o improvável e o inimaginável...

Que teve as asas quebradas e nunca mais conseguirá voar...

Querido,

Quando você partiu, o meu coração se recusou a aceitar...

Preferi acreditar que eu estava no meio de um sonho ruim e que cedo ou tarde eu iria acordar e todo o sofrimento e dor desapareceriam...

Mas os dias se passaram e a tristeza não se afastou de mim nem por um segundo: você não retornou para casa, a solidão passou a ser a minha companhia diária e as lágrimas já não pediam licença para desaguar...

E no âmbito do meu sofrimento, dor e desespero, pensei em revirar a terra e cavar com as minhas próprias mãos...

Imaginava que, dessa forma, talvez pudesse trazê-lo de volta à vida...

Ah, Carlos...

Só Deus sabe como eu sinto imensamente a sua falta...

E como eu daria tudo para te ter aqui, bem junto de mim...

Desilusão

Quando enterramos os nossos mortos
Fica a tristeza...
A cicatriz...
A mágoa...
A chaga...
O vazio...
Uma dor que não cessa...
Eterna ferida aberta...

Querido,

Nos meus sonhos, imagino que você está preso em um
bosque...

Sinto que você quer retornar para junto de mim, mas é im-
pedido pelos guardiões da floresta encantada...

O destino quebrou as nossas asas e assim conseguiu nos
separar...

E agora vivemos em mundos opostos que não podem se
tocar...

Mas o nosso amor é mais forte do que tudo...

E nós não desistiremos até estarmos juntos novamente um
dia...

E quando este momento mágico chegar...

Viveremos enfim...

 O nosso sonho de amor...

Querido,

Você foi a minha luz na escuridão...

A minha paz em meio às incertezas...

A alegria quando eu queria chorar...

O abraço macio e reconfortante...

O amor genuíno e a felicidade verdadeira...

Do fundo da minha alma, eu quero te agradecer:

Você foi muito bom para mim...

Extremamente amoroso e dedicado...

Presente em todos os momentos...

Um companheiro para todas as horas...

Eu fui muito feliz ao seu lado...

E eu sei e sempre soube que você foi o único homem que me amou de verdade...

Eu só quero que você me perdoe pelos meus erros tentando acertar...

Pela minha insensatez em não te compreender...

Pela minha pequenez quando eu não consegui te ajudar...

Eu só peço a Deus e aos anjos que te iluminem e te guiem no caminho da luz...

E que cedo ou tarde possamos nos reencontrar...

Travessia

Desde o começo eu sempre soube que toda escolha tem perdas e ganhos...

Mas eu também sei da importância sublime do ato de decidir:

se tornar autor da própria história, buscar um caminho na vida, seguir os desejos e sonhos, tentar ser feliz...

Na maioria das vezes, este momento tão único, importante e singular na vida de cada um de nós (a busca pelo nosso próprio eu, a construção da nossa identidade e os primeiros passos no caminho da nossa liberdade) são marcados por incompreensões, decepções, mágoas, brigas e até rivalidades...

Tentar se libertar de quem nós fomos ou da vida que sempre tivemos não é nada fácil...

Vivemos em um mundo marcado pelas tradições...

No fundo, fomos moldados e tolhidos desde o nascimento...

E por que na vida adulta algo seria diferente?

...

É preciso seguir em frente e fazer as próprias escolhas, ainda que em meio às incertezas, incompreensão e a própria solidão...

Eu não sei o que me espera...

No fundo, eu não tenho controle de nada...

Mas sigo o impulso que nasce no âmago do meu próprio ser...

A luz que me guia na escuridão...

O olhar, pequeno e oblíquo, que me observa ao longe...

Eu sou apenas uma centelha ainda errante no infinito...

...

56

Cedo ou tarde um suspiro nos envolve a alma...

E uma voz nos sopra aos ouvidos, dizendo:

Siga em frente sem olhar para trás...

A travessia, mais do que nunca, agora é inevitável...

Chegou o seu momento de ser feliz!

Redescobrir

É preciso seguir em frente...

Reconstruir a própria história...

Reatar os laços...

Refazer a vida...

Apagar memórias...

Sem mágoa ou rancor...

Na conquista do sangue

O resgate do amor...

Amor de Vidro

Granada encantada...

Terra dos antepassados...

Um mundo de sonhos e de amor...

Tudo ficou para trás...

Hoje ela é uma doce lembrança...

Um suspiro na alma...

No coração da menina andaluz...

A viagem já se encerrou...

A travessia chegou ao fim...

A mala há tempos está nos fundos do rio Genil...

E o chapéu foi levado pelo vento, para bem longe,

a caminho dos jardins de Aranjuez...

Os amores que passaram em sua vida não se apagaram...

As cartas de amor se tornaram eternas...

Ela tentou manter os pés no chão...

E os cabelos ao vento...

Mas hoje ela vive como nunca imaginou:

No mundo dos sonhos...

Mergulhada em lembranças...

E com a alma coberta de estrelas...

Recomeço

Hoje, depois de muito tempo, abri as janelas...

A tempestade no céu e na alma aos poucos está se dissipando...

É preciso fé para enxergar além do que se vê...

É preciso perdão para esquecer o passado e seguir em frente...

É preciso gratidão para enxergar as bênçãos e as maravilhas da nossa própria vida...

E cada novo dia que estamos aqui neste mundo é um presente, uma dádiva, uma oportunidade de recomeçar...

Os sonhos não morrem...

E nem envelhecem...

Eles permanecem para sempre nos labirintos da alma...

O coração bate forte...

E suspira...

Eu tenho apenas uma certeza:

Nós não estamos aqui em vão...

Querido,

Eu não sei em que trem você virá...

Mas eu sei que um dia você vem...

As portas do meu coração estarão sempre abertas...

E eu seguirei sempre aqui...

Te esperando...

Até o fim...